AF312027

VENTE

POUR CONSTITUER UNE RENTE

A

P.-A. JEANRON

COLLECTION

DES

ŒUVRES D'ART

OFFERTES PAR DIVERS ARTISTES

POUR CONSTITUER UNE RENTE

A

P.-A. JEANRON

Ancien Directeur des Musées nationaux
Membre correspondant de l'Institut, Chevalier de la
Légion d'honneur, etc., etc.

———— ꯍ ————

VENTE

HOTEL DROUOT, SALLES Nᵒˢ 8 ET 9

Les Mardi 23 et Mercredi 24 Mai 1876

A TROIS HEURES

COMMISSAIRE-PRISEUR	EXPÉRT
Mᵉ QUÉVREMONT	M. F. REITLINGER
Rue Richer, 46.	Rue de Navarin, 1.

Chez lesquels se délivre les Catalogues

———— ꯍ ————

EXPOSITIONS

PARTICULIÈRE	PUBLIQUE
Le Dimanche 21 Mai 1876	Le Lundi 22 Mai 1876

DE 1 HEURE 1/2 A 5 HEURES

CONDITIONS DE LA VENTE

Elle sera faite au comptant.

Les acquéreurs payeront, en sus des adjudications, *cinq pour cent*, applicables aux frais.

QUELQUES NOTES PRÉLIMINAIRES

La collection dont voici le catalogue a été formée dans des conditions tellement exceptionnelles, qu'il est indispensable de le faire précéder de quelques explications.

Pourquoi d'abord ce titre de vente Jeanron?

Tout le monde connaît la longue et honorable carrière de Philippe-Auguste Jeanron, fils d'un chef d'ateliers régimentaires du camp de Boulogne, où il est né, le 10 mai 1809. Jeanron vint jeune à Paris, et commença au collége Bourbon (lycée Fontanes,) des études classiques qu'il interrompit pour se vouer à la peinture. Souchon, Sigalon furent ses maîtres, et son premier atelier fut installé dans une maison de la rue Montorgueil. Il débuta au salon du Louvres, en 1831, par une toile intitulée les Petites Patriotes, *qui eut, pour pendant à l'exposition suivante* Une Famille pauvre sur un quai de Paris.

Partisan zélé de la Révolution de juillet, Jeanron consacra à en développer les principes, plusieurs ouvrages dont le plus populaire fut l'Espérance; il affirmait en même temps ses opinions, en ornant de portraits à la pointe sèche la Montagne *de Barthélemy Hauréau.*

Ramené bientôt au culte exclusif de l'art, Jeanron a produit plusieurs toiles justement remarquées : les Paysans limousins, le Boon-Upas, la Fuite en Égypte, *plusieurs vues prises sur les plages de son pays natal; appelé par le gouvernement provisoire de 1848 à veiller sur les richesses du Louvre et des musées nationaux, Jeanron déploya dans ses fonctions un zèle complétement inconnu aux sinécuristes d'autrefois. Avec la subvention de deux millions qu'il obtint de la Constituante, il sut classer les tableaux par ordre chronologique et par école, rendre accessible la salle des Sept-Cheminées, et ouvrir au public la magnifique galerie d'Apollon, qui depuis un temps immémorial était encombrée d'échafaudages.*

Lorsqu'en sa présence les entrepreneurs de maçonnerie explorèrent la belle voûte qu'ils étaient chargés de réparer, il s'en détacha une pluie de rosaces et d'ornements qui faillit les écraser.

— Comment cela tenait-il ? demanda Jeanron.

— Par habitude, répondit le maître maçon.

A Jeanron revient encore l'honneur d'avoir reconstitué la calcographie, ouvert le musée égyptien, établi des communications régulières entre le Louvre et les musées des départements.

En 1850, il quittait ses fonctions administratives, et retournait à ses pinceaux. La Morte-eau, le Berger breton, la Vallée de Pezaro, les Soldats français en Italie, les Zouaves au bord de la mer, *lui valurent de nouveaux succès. Nommé directeur du musée de Marseille, il emprunta à la ville, au port et aux localités voisines, les sites les plus pittoresques.*

Fatigué de tant de travaux, éprouvant un irrésistible besoin de repos, Jeanron a donné sa démission, est revenu à Paris, et s'y est trouvé seul, dans l'isolement, sans ressources, car il avait montré toute sa vie un désintéressement qui n'avait pu l'enrichir.

Le bruit de sa pénible situation parvient aux oreilles d'Hippolyte Richard; il prend l'initiative d'une vente d'œuvres d'art avec le produit de laquelle une rente viagère sera constituée au profit de Jeanron.

Une autre idée lui surgit; celle de rendre cette rente réversible et perpétuelle, et d'en faire une fondation qui servira à venir en aide à la vieillesse d'un artiste malheureux.

Un comité se constitue et se rassemble, le 27 janvier 1876, chez Charles Daubigny, qui en accepte la présidence. Les peintres Oudinot, Jouy, Richomme, Georges Calvès, le statuaire Doublemard, l'imprimeur Claye, l'avocat Moulin, le docteur Léon Calvo en font partie avec Hippolyte Richard, l'organisateur, ainsi que Henry Maret et Roussel de Méry, hommes de lettres, et celui qui écrit ces lignes.

Plus tard, les séances de ce comité se multiplient; une commission de contrôle est nommée; Hippolyte Richard poursuit sa campagne, et recueille de nombreuses adhésions. Des artistes offrent spontanément leur concours, et c'est ainsi qu'on peut présenter dès le 21 mai à l'admiration des amateurs, cent quarante-sept œuvres d'art des meilleurs maîtres contemporains.

Citons d'abord un Taureau couché, de *Rosa Bonheur*, qui peut-être mis à la hauteur de ses plus belles toiles.

Les paysagistes se sont surpassés. Dans son Clair de Lune sur les bords de l'Oise à Auvers, *Daubigny* rend admirablement la blanche clarté de l'astre dans un ciel vaporeux; dans ses Bords de la Seine à Bonnières, il rend avec un égal bonheur la solidité des toits et la transparence des eaux.

Le Cheval de rivière au relais, de *Veyrassat*, rappelle le sujet analogue que *Decamps* a traité.

Un *Pasini*, le Marchand de lait descendant de son cheval à la porte d'une maison de Constantinople pour y déposer sa denrée liquide, évoque encore en nous un souvenir : celui de *Marilhat*.

Le grand paysage de *Calvès* n'a pas moins de 1 mètre 50 de longueur; c'est une clairière dans les feuillages de laquelle jouent la lumière et l'ombre, et où paissent de grands bœufs. La Plaine à Moussy, par *M. de Groiseilliez*; le Port Maurin, de *Jules Rozier*; le paysage de *M. Teinturier* sont de belles études. On retrouve dans le Soleil couchant, de *Français*, cette observation profonde de la nature qui caractérise toutes ses œuvres.

Quelles gracieuses figures que celles de la femme qui se penche pour puiser à la Fontaine, *d'Antigna*; de la Paysanne, *d'Amand Gautier*; de l'Italienne, de *Feyen-Perrin*, avec ses allures de bohémienne; de la femme nonchalante à laquelle *Éd. Frère* prête l'ombrage d'arbres touffus!

Nous ne craignons pas d'affirmer qu'au nombre des meilleures toiles apportées à l'hôtel Drouot pendant ces derniers temps, il faut compter les Moutons, *de Baucé ; la* Méditerranée, *de Lansyer; une vue charmante, — elles le sont toutes, — prise à Bougival, par Lambinet; les* Martigues, *d'Appian ; un effet de nuit à Cayeux-sur-mer et la* Tête-de-Black, *de Ludovic Lepic ; une* Marine, *de Jules Dupré.*

Et tant d'autres ! nous serions forcé, si nous nous laissions entraîner, de faire une seconde édition du Catalogue que précède cette préface.

Encore n'avons-nous point parlé des médaillons d'Antoine Étex; *du bas-relief de Duchateau; de la* République, *de Francia; de l'Alsacienne, de Détrier; du Saint Vincent de Paul, d'Oliva !*

Mais nous croyons nos indications suffisantes, et nous laissons les amis de l'art juges des productions que nos éminents donateurs ont envoyées à la vente Jeanron.

É. DE LA BÉDOLLIÈRE,

Membre de la Commission de Contrôle.

Les membres du Comité de la rente Jeanron ont adressé le 1ᵉʳ février dernier la lettre suivante au premier titulaire :

Monsieur et cher Camarade,

Nous avons l'honneur de vous informer de la décision prise par notre Comité dans sa séance du jeudi 27 janvier dernier.

La collection de tableaux, dessins, aquarelles, eaux-fortes, terres cuites, bronzes, etc., commencée par les soins de M. Hippolyte Richard, et continuée sous les auspices du Comité, sera vendue pour assurer une rente, dans le présent et dans l'avenir, au profit d'un artiste méritant, désigné à la sympathie de ses collègues par son honorabilité, son âge et ses travaux.

Nous sommes heureux de vous apprendre que vous êtes dès à présent le titulaire de cette rente. Tel est le vœu du Comité, dont le vote, à cet, égard a été unanime et spontané.

Il a décidé, en outre, qu'un crédit de *trois mille francs* prélevé sur le capital, vous serait provisoirement ouvert.

Enfin, et pour vous donner une preuve de la haute considération que le Comité attache à votre carrière d'artiste si bien remplie, il a voulu que la rente instituée prît le nom de *Rente Jeanron,* moins parce que vous en êtes le premier possesseur que pour vous manifester l'estime et la sympathie qu'il a pour l'homme et pour ses œuvres.

Veuillez agréer, Monsieur et cher Camarade, l'espression de nos meilleurs sentiments de confraternité.

Le Président,

Charles DAUBIGNY, *peintre.*

Les membres du Comité :

Jules RICHOMME, J. JOUY, Achille OUDINOT, Georges CALVÈS, *peintres;* Émile de LABÉDOLLIÈRE, Henry MARET, ROUSSEL de MÉRY, Hippolyte RICHARD, *hommes de lettres;* le docteur Léon CALVO, A. DOUBLEMARD, *statuaire;* J. CLAYE, *imprimeur;* MOULIN, *jurisconsulte.*

Paris, le 1er février 1876.

COMITÉ DE LA RENTE JEANRON

MEMBRES ACTUELS

Charles Daubigny, président.

Henry Maret, vice-président.

Jules Richomme.

J. Jouy . . . . . . } Artistes peintres.

F. Barry . . . . .

Émile de Labédollière . . . .

Roussel de Méry . . . . } Hommes de lettres.

Hippolyte Richard (organisateur).

Le docteur Léon Calvo.

A. Doublemard, artiste sculpteur.

Moulin, jurisconsulte.

Commission de Contrôle :

J. Jouy, président.

Émile de Labédollière.

Jules Richomme.

Le docteur Léon Calvo.

DÉSIGNATION

TABLEAUX

ANTIGNA

1. — A la Fontaine.

H., 0^m,43. L., 0^m,31.

APPIAN

2. — Les Martigues (Bouches-du-Rhône).

H., 0^m,34. L., 0^m,64.

BARRY (F.-P.)

3. — Le Havre, bord de la mer.

H., 0^m,27. L., 0^m,40.

BAUCÉ

4. — Moutons.

H., 0^m,38. L., 0^m,46.

BEAUGER (A.)

5. — Vue prise à Villers-sur-Mer.

H., 0^m,47. L., 0^m,77.

BEAUVAIS

6. — Chemin d'un Château.

H., 0^m,38. L., 0^m,27.

BEAUVERIE

7. — Paysage (bords de l'Oise).

H , 0^m,35. L., 0^m,55.

BEGUIN

8. — Paysage des environs d'Avallon.

H., 0^m,26. L., 0^m,41.

BELLÉE (L. DE)

9. — La Grotte du Port Fouquet.

H., 0^m,20. L., 0^m,28.

BELLET DU POISAT

10. — Pont-Royal.

H., 0^m,40. L., 0^m,48.

BENNER (E.)

11. — Suisse, étude.

H., 0^m,25. L., 0^m,38.

BERTHELON

12. — Argenteuil.

H., 0^m,21. L., 0^m,38.

BONHEUR (Rosa)

13. — Taureau couché.

H., 0^m,18. L., 0^m,34.

BOUDIER (Ed.)

14. — Les Barbizonnières.

H., 0^m,26. L., 0^m,32.

BOULARD (Aug.)

15. — Lever de lune sur les bords de l Oise.

¡H., 0^m,22. L., 0^m,47.

BRETON (Émile)

16. — Marine.

H., 0^m,27. L., 0^m,46.

BRUMIER

17. — Paysage.

H. 0^m,55. L., 0^m,46.

BUREAU (Pierre)

18. — Coteau de Valmondois.

CALVÈS (Georges)

19. — Paysage, Animaux.

Peinture du concours Troyon.

H., 0^m,90. L., 1^m,50.

CHABRY

20. — Paysage.

H., 0^m,23. L., 0^m,29.

COCK (Xavier de)

21. — Moutons, plaine de Barbizon; effet du soir.

COGNIET (Léon)

22. — Femme italienne.

H., 0^m,34. L., 0^m,25.

COLLETTE (A.)

23. — Cascade.

H., 0^m,40. L., 0^m,28.

COLLETTE (A.)

24. — Attente à la Barrière.

H., 0^m,24. L., 0^m,37.

CORNILLON

25. — Bords de la Seine, près Nanterre.

H., 0^m,29. L., 0^m,38.

DAUBIGNY (Charles)

26. — Bords de la Seine, à Bonnières.

H., 0^m,36. L., 0^m,55.

DAUBIGNY (Charles)

27. — Lever de lune sur les bords de l'Oise, à Auvers.

H., 0^m,00. L., 0^m,00.

DAUBIGNY (Karl)

28. — Barques de pêche à Trouville.

H., 0^m,30. L., 0^m,52.

DAUMIER

29. — Saltimbanques.

H., 0^m,14. L., 0^m,15.

DELANOY

30. — Fleurs.

H., 0^m,22. L., 0^m,16.

DESBROSSES (Jean)

31. — Fleurs.

H., 0^m,46. L., 0^m,38.

DESHAYES (Charles)

32. — Vue de Saint-Ouen.

H., 0^m,38. L., 0^m,46

DRAMARD (Georges de)

33. — Une jeune Famille.

H., 0^m,00. L., 4^m,00.

DUPRÉ (Jules)

34. — Marine.

H., 0^m,38. L., 0^m,46.

DUPRÉ (Victor)

35. — Étude de saules, au bord de la Marne.

H., 0^m,25. L., 0^m,19.

EMPIS (Mme)

36. — Effet d'automne.

H., 0^m,38. L., 0^m,46.

ESCALIER (Mme)

37. — Roses.

ETEX

38. — Saint Jean-Baptiste.

H., 0^m,63. L., 0^m,50.

FAURE (Eug.)

39. — Bords de la mer.

H., 0^m,43. L., 0^m,62.

FEYEN (Eug.)

40. — Femme nue.

H., 0^m,20. L., 0^m,15.

FEYEN-PERRIN

41. — Italienne.

H., 0^m,53. L., 0^m,36.

FRANÇAIS

42. — Paysage.

H., 0^m,33. L., 0^m,39.

FRÈRE (Ed.)

43. — Repos sous bois.

H., 0^m,32. L., 0^m,24.

FUENTÉ (Luis de la)

44. — Poules ; basse-cour.

H., 0^m,45. L., 0^m,21.

GASSIER

45. — Intérieur de Cuisine.

H., 0^m,35. L., 0^m,27.

GAUTIER (Amand)

46. — Paysanne.

H., 0^m,36. L., 0^m,27.

GITTARD (A.)

47. — Paysage.

H., 0^m,44. L., 0^m,32.

GROISEILLIEZ (M. DE)

48. — Plaine à Moussy (Seine-et-Oise).

H., 0^m,28. L., 0^m,45.

HAMLET (CH.)

49. — Paysage.

H., 0^m,20. L., 0^m,14.

HAREUX

50. — Village.

H., 0^m,32. L., 0^m,24.

HUBER

51. — Un coup de Vent ; environs de Tower.

H., 0^m,28. L., 0^m,40.

HUE (CHARLES)

52. — Le Livre intéressant.

H., 0^m,22. L., 0^m,00.

ISEMBART

53. — Paysage.

H., 0^m,46. L.. 0^m,33.

JOUY (J.)

54. — Tête d'étude.

H., 0^m,41. L., 0^m,27.

JOUY (J.)

55. — Isaac.

H., 0ᵐ,81. L., 0ᵐ,65.

LAMBINET

56. — A Bougival.

H., 0ᵐ,25. L., 0ᵐ,46.

LANSYER

57. — Au bord de la Mer.

H., 0ᵐ,35. L., 0ᵐ,54.

LEPAULLE (C.)

58. — Tête de Chien (Black).

H., 0ᵐ,40. L., 0ᵐ,32.

LEPIC

59. — Cayeux-sur-Mer; effet de Nuit.

H., 0ᵐ,94. L., 0ᵐ,73.

MARÉCHAL (Charles-Laurent)

60. — Tête de Femme; pastel.

H., 0ᵐ,38. L., 0ᵐ,46.

MATOUT (L.)

61. — Tête d'étude.

H. 0ᵐ,56. L. 0ᵐ,66.

MONTMAIN (Robin de)

62. — Fleurs de Lys.

H., 0^m,40. L., 0^m,26.

MOREAU (Nicolas)

63. — Cheval.

H., 0^m,25. L., 0^m,17.

MORLOT (Alphonse)

64. — Coucher de Soleil; lisière d'un bois.

H., 0^m,25. L., 0^m,33.

OUDINOT (Achille)

65. — Paysage, vue de Chatou.

H., 0^m,39. L., 0^m,56.

PABST (C. F.)

66. — C'est pour la France!

H., 0^m,55. L., 0^m,38.

PASINI

67. — Marchand de lait à Constantinople.

H., 0^m,22. L., 0^m,16.

PELLETIER (Laurent)

68. — Vue prise de Montmartre.

H., 0^m,47. L., 0^m,62.

PERRET (F.)

69. — Coucher de Soleil sur les bords de l'Oise.

H., 0^m,23. L., 0^m,36.

PICOU (H.)

70. — Nymphe et Amour.

H., 0^m,55. L., 0^m,46.

PIERDON (E.)

71. — Paysage avec Chasseur.

H., 0^m,34. L., 0^m,25.

PIERRAT

72. — Fleurs.

H., 0^m,65. L., 0^m,53.

POGGI (Raphael)

73. — Grenades et Fruits.

H.. 0^m,33 1/2. L., 0^m,44.

RELIN (E.)

74. — Tête de Chat.

H., 0^m,36. L., 0^m,27.

RICHARD (Antonin)

75. — Paysage.

H., 0^m,35. L., 0^m,54.

ROZIER (JULES)

76. — Bords de la Seine à Port-Maurin, près les Andelys (Eure).

H., 0^m,74. L., 1^m,05.

SAUZAY (A.)

77. — Vue prise à Bonnière (Seine-et-Oise).

SEBRON (HYP.)

78. — Vue de Viviers (Ardèche).

H., 0^m,31. L., 0^m,42.

SIMON (A.)

79. — Soldat.

H., 0^m,23. L., 0^m,13.

SIMON (A.)

80. — Le petit Ami.

H., 0^m,22. L., 0^m,16

SIMON (FR.)

81. — Vache.

Donné par M. A. Dumas.

H., 0^m,24. L., 0^m,32.

TEINTURIER (VICTOR)

82. — Paysage.

H., 0^m,61. L., 0^m,50.

TENER (RENÉ)

83. — Les bords du Rhin, près Coblentz.

H., 0^m,41. L., 0^m,56.

TISSIER (ANGE)

84. — Tête de Vache; étude.

H., 0^m,69. L., 0^m,58.

TROUILLEBERT

85. — Vérité.

H., 0^m,16. L., 0^m,22.

VAN HIER

86. — La Falaise et le Phare (Fécamp); étude.

H., 0^m,36. L., 0^m,24.

VEYRASSAT

87. — Cheval de Rivière au relais.

VILLERS (A DE)

88. — Paysage.

H., 0^m,26. L., 0^m,51.

WILLENICH

89. — Le Phare de Honfleur; marée basse.

ZACHARIE

90. — Sur les toits.

H., 0^m,47. L., 0^m,31.

AQUARELLES, DESSINS, GRAVURES

ET EAUX-FORTES

ALLONGÉ

91. — Environs d'Avallon; fusain.

ANTIGNA

92. — A la Fontaine; lithographie.

APPIAN

93. — Barques de cabotage (côtes d'Italie); eau-forte.
Donné par M. Cadart fils.

BEAUVERIE

94. — L'Oise-sous-Méry; eau-forte.
Donné par M. Cadart fils.

BONVIN (F.)

95. — Fileuse bretonne; eau-forte.
Donné par M. Cadar fils.

CHASSEREAU

96. — Portrait de Lamartine, dessin au crayon.

CONSIDÉRANT (Mme Victor)

97. — Étude de fleurs; aquarelle.

COT (A.)

98. — La gravure de son tableau *le Printemps*.

> Première épreuve tirée avant la lettre sur Chine, avec dédicace de l'auteur.

DAUBIGNY

99. — Le pré des Oraves à Villerville (Calvados); eau-forte.

> Donné par M. Cadart fils.

DEHAUSSY

100. — Tête; crayon.

DETAILLE (E.)

101. — Trompette de Chasseurs; eau-forte.

> Donné par M. Cadart fils.

DONEAUD (E.)

102. — Plage; aquarelle.

> Donné par M. Hippolyte Richard.

DONEAUD (E.)

103. — Marine; aquarelle.

Donné par M. Hippolyte Richard.

DONEAUD (E.)

104. — Étude (Cauteret) sépia.

Donné par M. Hippolyte Richard.

DONEAUD (E.)

105. — Les Mielles, Étuds, Marine; aquarelle.

Donné par M. Hippolyte Richard.

DONEAUD (E.)

106. — Vue prise près Cauteret; aquarelle.

Donné par M. Hippolyte Richard.

FLAMENG (Léopold)

107. — Eau-forte.

FOINDRE (Gaston de)

108. — Sépia.

GAILLARD

109. — Portrait du Pape.

GRANDSIRE (E.)

110. — Rivière sous bois; fusain.

GUILLON (Ad.)

111. — Paysage (Cannes); dessin.

GRENAUD

112. — Corot; eau-forte.

HILLEMACHER

113. — Moine endormi; dessin.

JANVIER (Félix)

114. — Aquarelle.

JONGKIND

115. — Moulin; eau-forte.

JONGKIND

116. — Paysage; eau-forte.

JONGKIND

117. — Paysage; eau-forte.

JONGKIND

118. — Marine; eau-forte.

JONGKIND

119. — Marine; eau-forte.

JONGKIND

120. — Marine; eau-forte.

LALANNE (Maxime)

121. — Les Roches noires, près Trouville ; eau-forte.

Donné par M. Cadart fils.

LANGEROIK

122. — Paysage; dessin.

LAURENS (J.)

123. — Dramar-sur-Beuzeval ; dessin.

LAZERGES

124. — Figure; dessin.

LAZERGES

125. — Figure; dessin.

LEPIC

126. — Pas commode.

LEPIC

127. — Nature morte.

LEPIC

128. — Black; eau-forte.

MASSO-GILLI (A.)

129. — Le Manteau de l'Aïeul; eau-forte.

Donné par M. Cadart fils.

MARTIAL (A.)

130. — Bois de Pierrefonds; eau-forte.

Donné par M. Cadart fils.

MASSO-GILLI

131. — La Providence; eau-forte.

Donné par M. Cadart fils.

MASSO-GILLI

132. — Le Remord; eau-forte.

Donné par M. Cadart fils.

MATOUT (L.)

133. — Le Christ au tombeau ; dessin.

MICHETTI (Paolo)

134. — Jeunes bergères des environs de Chieti (Italie) ; eau-
forte.

Donné par M. Cadart fils.

MILLET (J. B.)

135. — Vieille Tour, plaine de Barbison; sépia.

MONZIÈRES (L).

136. — Amateur de tableaux; eau-forte.

Donné par M. Cadart fils.

NEUVILLE (A. de)

137. — Mobiles à la tranchée, siége de Paris; eau-forte.

Donné par M. Cadart fils.

PALIANTI

138. — Village de Villiers-sur-Morin (Seine-et-Marne) ;
aquarelle.

PILLE (Henri)

139. — Un Marché ancien; dessin à la plume.

RICHOMME (Jules)

140. — Petite Fille italienne à l'Église; aquarelle.

ROPS (Félicien)

141. — L'Affuteur; eau-forte.

Donné par M. Cadart fils.

ROUGELET

142. — Joueurs de Bachus ; photographie.

SEBRON (H.)

143. — L'Ile de Phila (Nubie); aquarelle

TOUILLON (Claudius)

144. — Bois de Misère, près Couilly (Seine-et-Marne ; mine de plomb.

VERREAUX

145. — Dessin.

VEYRASSAT

146. — Un Relais, Bord de la Seine à Samois; eau-forte

Donné par M. Cadart fils.

BRONZES, PLATRES, TERRES CUITES

ET DIVERS

DETRIER

147. — Alsacienne; terre cuite.

DUCHATEAU (Claude)

148. — Bataille d'Austerlitz; bas-relief, bronze.

DUCHATEAU (Claude)

149. — Buste, République; bronze.

ETEX

150. — La Fille de l'Auteur; médaillon, plâtre.

ETEX

151. — Un Médaillon, Chollet; plâtre.

FRANCIA

152. — République; grand buste.

LEMAIRE-DARCIER

153. — Bas-relief; terre cuite.

MOUILLEVOIX (Mme)

154. — Liberté; terre cuite

OLIVA (A.)

155. — Buste (Mac-Mahon); plâtre.

OLIVA (A.)

156. — Saint-Vincent-de-Paul; plâtre.

OLIVA (A.)

157. — Saint-Vincent-de-Paul; buste, grandeur nature.

ISELIN

158. — Picard; plâtre.

MESCURI

159. — Trois volumes Costumes historiques

Donnés par M. H. Lévy.

PARIS. — J. CLAYE, IMPRIMEUR, 7, RUE SAINT-BENOIT. — [972]

www.ingramcontent.com/pod-product-compliance
Ingram Content Group UK Ltd.
Pitfield, Milton Keynes, MK11 3LW, UK
UKHW022315170726

13837UKWH00005BA/2009